Christmas

LOW CARB

Impressum

Bibliografische Information der Deutschen Bibliothek.

Die Deutsche Bibliothek verzeichnet diese Publikation in der Deutschen Nationalbibliografie.
Detaillierte bibliografische Daten sind im Internet über http://www.dnb.de/ abrufbar.

EIN BUCH DER EDITION MICHAEL FISCHER

1. Auflage 2018

Covergestaltung: Yvonne Witzan
Layout: Meritt Hettwer
Satz: Anna-Maria Körperl
Rezepte und Texte: Maria Panzer
Fotografie: Maria Panzer
Produktmanagement: Anna Zwicklbauer

ISBN 978-3-96093-180-5

Gedruckt bei Polygraf Print, Čapajevova 44, 08001 Prešov, Slowakei

www.emf-verlag.de

Christmas
LOW CARB

WEIHNACHTLICH BACKEN MIT WENIGER KOHLENHYDRATEN

EMF

EIN BUCH DER
EDITION MICHAEL FISCHER

Inhalt

Vorwort

Zu Weihnachten gehört das gemeinschaftliche Plätzchenbacken und Genießen, das Dessert am Weihnachtsabend und der eine oder andere Kaffeeklatsch mit Familie und Freunden einfach dazu. Auf diese geselligen und schönen Momente und Traditionen sollten Sie natürlich nicht verzichten, auch wenn Sie sich im Advent Low-Carb ernähren möchten. Deswegen tummeln sich in diesem Buch 55 Rezepte, die Sie ohne Reue genießen können, denn sie sind garantiert mit wenigen Kohlenhydraten.

Seien Sie bitte nicht zu streng mit sich, wenn Ihnen eine gute Freundin oder die Schwiegermutter ein Plätzchen anbietet, welches nicht Ihrer Low-Carb-Ernährung entspricht. Genießen Sie es lieber in vollen Zügen und bieten Sie im Gegenzug auch ein Häppchen aus diesem Buch an.

Ich wünsche Ihnen viel Spaß beim Backen und eine genussvolle Adventszeit!

Ihre Maria Panzer

1
2
3
4

Basics

Grundlagen zur Low-Carb-Ernährung

WARUM EIGENTLICH LOW-CARB?

Übersetzt man den Begriff Low-Carb ins Deutsche, weiß man recht schnell, um was es bei dieser Ernährungsform geht: Man verzichtet so gut es geht (engl. low = wenig) auf Kohlenhydrate (engl. carbs). Da sich Kohlenhydrate in den meisten Lebensmitteln verstecken, ist ein kompletter Verzicht nicht möglich und ebenso nicht wünschenswert. Langfristig soll der Verzicht zu einem Leben mit weniger Gewichtsschwankungen führen, außerdem verbessert sich bei einigen Menschen beispielsweise die Haut. Die Low-Carb-Ernährung basiert auf zwei grundlegenden Faktoren.

Um diese zu verstehen, hilft es zu wissen, wie der Körper auf Kohlenhydrate reagiert. Wenn Sie Kohlenhydrate zu sich nehmen, steigt Ihr Blutzucker- sowie Ihr Insulinspiegel an. Beim Verzehr von kurzkettigen Kohlenhydraten (Einfach- und Zweifachzucker – mehr dazu im nächsten Abschnitt) erfolgt der Anstieg sehr schnell. Genauso schnell sinkt dieser wieder ab. In diesem Fall jedoch auf ein geringeres Niveau als vorher, was oftmals zu Heißhungerattacken führt. Vielleicht haben Sie auch schon bemerkt, dass es selten bei einem Stückchen weißer Schokolade bleibt.

Indem Sie bei der Low-Carb-Ernährung Kohlenhydrate weitgehend vom Essensplan streichen, wird ein relativ konstanter Blutzuckerspiegel angestrebt, welcher Sie mit einem geringeren Hungergefühl belohnt.

Außerdem liebt unser Körper schnelle Lösungen. Geben Sie ihm kurzkettige Kohlenhydrate, verdaut er natürlich lieber diese, als Ihren Fettreserven auf die Pelle zu rücken.

SIND KOHLENHYDRATE GLEICH KOHLENHYDRATE?

Leider nein und gleichzeitig zum Glück! Man unterscheidet zwischen kurzkettigen Kohlenhydraten (Einfachzucker, z. B. Haushaltszucker, und Zweifachzucker, z. B. Fructose in Obst und Lactose in Milchprodukten), welche den Blutzuckerspiegel sehr schnell ansteigen lassen. Neben diesen existieren noch gesündere, langkettige Kohlenhydrate (Vielfachzucker), wie sie etwa in Vollkornprodukten und Kartoffeln zu finden sind. Oftmals werden diese auch Slow-Carbs genannt, da sie in der Verdauung langsamer abgebaut werden und den Blutzucker nicht so stark und schnell ansteigen lassen. Auch auf diese sollten Sie bei der Low-Carb-Ernährung verzichten.

Generell gilt es immer abzuwägen und in Maßen zu genießen. So weisen Milchprodukte Kohlenhydrate auf, liefern Ihnen aber hochwertiges und wichtiges Protein. Auch Obst enthält Fructose – Beeren und Zitrusfrüchte jedoch besonders wenig davon. Dafür stecken auch viele Vitamine und Spurenelemente in Obst, welche vor allem im Winter sehr wichtig sind.

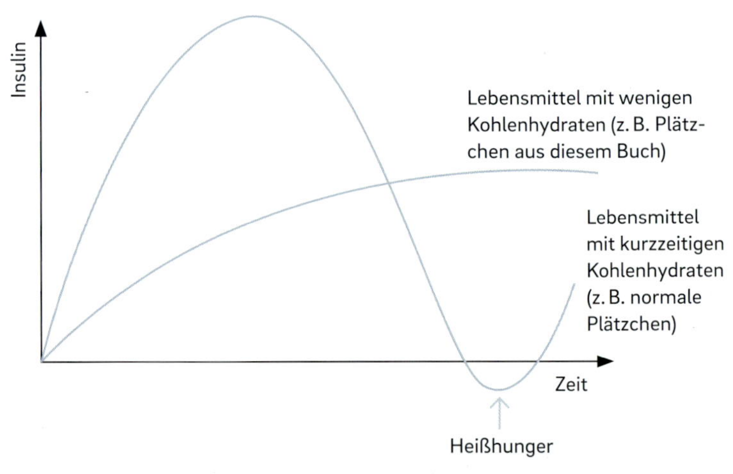

HIER SOLLTEN SIE ZUGREIFEN:

- → Nüsse, Kerne, Samen
- → Gemüse
- → Obst mit wenig Fructose (Beeren, Zitrusfrüchte, Avocado)
- → Fleisch, Fisch, Meeresfrüchte
- → Wasser, ungesüßter Tee

AUF DIESE LEBENSMITTEL SOLLTEN SIE LIEBER VERZICHTEN:

- → Getreide (Weizen-, Dinkel-, Roggenmehl, Haferflocken) und Pseudogetreide (Quinoa, Amaranth, Couscous)
- → Stärkehaltiges Gemüse (Kartoffeln, Süßkartoffeln, Mais)
- → Haushaltszucker, brauner Zucker, Honig
- → Verarbeitete Wurst
- → Gekaufte Süßigkeiten
- → Obst mit viel Fructose (Bananen, getrocknete Früchte)
- → Gesüßte Getränke (Säfte, Limonaden) und Alkohol

Die Hauptzutaten in der Low-Carb-Weihnachtsbäckerei

Wie Sie jetzt schon gesehen haben, verzichtet man bei der Low-Carb-Ernährung auf alle gängigen Mehle und Zuckersorten. Diese gehörten oftmals zu den Hauptzutaten in der weihnachtlichen Backstube, sodass der Verzicht darauf auf den ersten Blick fast unmöglich klingt. Auf den zweiten bringt er jedoch eine große Abwechslung auf den Plätzchenteller. Denn wir müssen zu den leckeren Alternativen greifen, die ich Ihnen im Folgenden gerne näher vorstellen möchte.

LOW-CARB-MEHLE

MANDELMEHL

ist eines der Hauptmehle, wenn man Low-Carb backen möchte. Es entsteht als Nebenprodukt bei der Gewinnung von Mandelöl und ist dadurch – wie zu erwarten – entölt. Aus diesem Grund lässt es sich auch nicht durch gemahlene Mandeln ersetzen, die einen sehr hohen Fettgehalt aufweisen und sich beim Backen anders verhalten. Unterschieden wird zudem zwischen braunem Mandelmehl aus Mandeln mit Schale und weißem Mandelmehl aus blanchierten Mandeln. Da entöltes Mandelmehl deutlich mehr Feuchtigkeit als normales Mehl aufnimmt, kann es nicht eins zu eins ersetzt werden.

KOKOSMEHL

spielt beim Low-Carb-Backen ebenso eine große Rolle. Da es ein sehr trockenes Mehl ist, sollte man es immer mit anderen Low-Carb-Mehlen mischen. Es bindet etwa doppelt so viel Flüssigkeit wie Weizenmehl. Toll ist, dass man Kokosmehl ganz einfach selbst herstellen kann. Dafür müssen Sie einfach Kokosraspeln im Mixer zu Puder mahlen.

PROTEINPULVER

ist aufgrund seines hohen Eiweißgehalts ganz wunderbar zum Low-Carb-Backen geeignet. Mit Low-Carb-Mehlen gemischt, sorgt es für ein angenehmes Mundgefühl bei Kuchen.

LEINSAMENMEHL

hat eine würzige Note, die sich hauptsächlich zum Backen von Broten und Brötchen eignet. In der süßen Weihnachtsbackstube finden wir es daher selten. Bei den Schoko-Hörnchen habe ich es etwa eingesetzt, um den Plätzchen eine zusätzliche Note zu verleihen.

SOJAMEHL

ist nur bedingt zum Backen geeignet, da es nicht aufgeht. Dies hat uns bei Plätzchen jedoch nicht zu stören. Dennoch sollte es immer mit anderen Mehlen gemischt werden. Ich nutze Sojamehl gerne, um Gebäck darauf auszurollen.

GEMAHLENE MANDELN & HASELNÜSSE

finden auch in der klassischen Weihnachtsbackstube ihren regelmäßigen Einsatz. Sie sind eine wunderbare, aromatische Ergänzung zu den Low-Carb-Mehlalternativen und zum Glück in jedem Supermarkt erhältlich.

LEINSAMENMEHL
HELLES MANDELMEHL
BRAUNES MANDELMEHL
SOJAMEHL
HASELNÜSSE
MANDELN
KOKOSMEHL
MANDELN BLANCHIERT
PROTEINPULVER

Was für Bindung sorgt

Wie Sie gesehen haben, steht uns eine große Auswahl an Mehlalternativen zur Verfügung. Doch sie stellen uns alle vor eine große Herausforderung, denn ihnen fehlt ein ganz besonderer Bestandteil: Gluten. Gluten ist ein Klebeeiweiß und sorgt für die Bindung der Zutaten im Teig, macht diesen elastisch und ist für die Knusprigkeit des fertigen Gebäcks zuständig. Damit unsere Gebäcke beim Verarbeiten nicht auseinanderbrechen, kommen folgende Bindemittel regelmäßig zur Verwendung:

ERDNUSSBUTTER & MANDELMUS

binden Zutaten ganz hervorragend. Außerdem bestechen sie durch ihren anziehenden, nussigen Geschmack. Wer sich die teuren Preise sparen möchte und Erdnussbutter sowie Mandelmus ohne Zusätze verarbeiten möchte, kann diese auch selbst herstellen. Erdnüsse sind weicher, sodass sich im Mixer aus ungesalzenen, gerösteten Erdnüssen ganz einfach eine Creme herstellen lässt. Weitere Zusätze sind keine notwendig. Für Mandelmus wird ein Hochleistungsmixer und viel Geduld (bis zu 30 Minuten) benötigt. Hier sollte stufenweise gearbeitet und die Masse nicht über 50 Grad erhitzt werden. Der Einfachheit halber nutze ich gehobelte Mandeln.

JOHANNISBROTKERNMEHL & GUARKERNMEHL

haben ähnliche Eigenschaften wie Stärke, weisen jedoch eine deutlich größere Bindefähigkeit auf. Meist reichen daher ½ –1 TL pro Teig aus. Auch Flüssigkeiten lassen sich damit einfach andicken.

EIER

sind beim Low-Carb-Backen noch wichtiger als in der Standard-Weihnachtbäckerei. Sie sorgen für Bindung und helfen dabei, dass sich Plätzchenteig und Co. gut verarbeiten lassen.

ERDNUSSBUTTER
TRAUBENKERNMEHL
MANDELMUS
GUARKERNMEHL
EIER

Low-Carb-Süßen

Süßes Gebäck ohne Zucker und fast ohne Kalorien – hat davon nicht schon jeder einmal geträumt? Zum Glück wird das mit folgenden Zutaten zur Wirklichkeit. Doch sollten Sie hier – wie auch sonst im Leben – nicht übertreiben. Denn in größeren Mengen verzehrt, können alle Zuckeraustauschstoffe abführend wirken.

BIRKENZUCKER (XYLIT)

ist eine der meist genutzten Zuckeralternativen bei der Low-Carb-Ernährung, da er Haushaltszucker am meisten ähnelt. Ein großer Pluspunkt ist, dass normaler Zucker 1 : 1 mit Birkenzucker ersetzt werden kann und dadurch das umständliche Umrechnen entfällt. Jedoch ist er nicht komplett kalorienfrei – er hat etwa halb so viel Kalorien wie Haushaltszucker – und kann bei manchen Menschen Magenprobleme verursachen. Man sollte sich daher langsam an diese Zuckeralternative gewöhnen.

STEVIA-STREUSÜSSE

ist ein Mix aus Stevia und Erythrit. Diese Alternative kann eins zu eins zu Haushaltszucker verwendet werden. Manche Menschen empfinden den leicht bitteren Geschmack von Stevia als störend, andere merken diesen kaum.

STEVIA-FLÜSSIGSÜSSE

ist praktisch, wenn es nicht auf das Volumen ankommt. Daher kann die Flüssigsüße gut bei Getränken, Konfitüre & Co. verwendet werden.

ERYTHRIT (ERYTHRITOL)

belastet das „Kalorienkonto" im Gegensatz zu Birkenzucker nicht und kommt daher ebenso regelmäßig zum Einsatz. Es hat einen leichten, kühlen Nachgeschmack und ist in der Kombination mit Kokos besonders schmeichelhaft. Mit weihnachtlichen Gewürzen vereint, wirkt er schnell fehl am Platz. Um dies zu vermeiden, nutze ich Erythrit und Birkenzucker meist als Mischung in meinen Rezepten. Da er eine etwas geringere Süßkraft aufweist, werden für 100 g normalen Zucker etwa 120 g Erythrit verwendet.

FIBER-SIRUP

kommt zum Einsatz, wenn man in Rezepten Honig oder Ahornsirup ersetzen möchte. Er ist sehr klebrig und süß.

FIBER SIRUP
ERYTHRIT
BIRKENZUCKER
STEVIA FLÜSSIGSÜSSE
STEVIA STREUSÜSSE

1 Vorneweg – sollten Sie sich mit diesem Buch zum ersten Mal an Low-Carb-Gebäcke wagen – bitte stellen Sie sich darauf ein, dass diese etwas anders schmecken werden, als Sie normalerweise gewöhnt sind. Denn wenn wir die klassischen Mehl- und Zuckersorten ersetzen, verändert sich natürlich auch das Ergebnis. Das Gebäck ist in der Regel etwas trockener und die Plätzchen sind nicht so knusprig.

2 Plätzchenteig zu Rollen zu formen, kann schnell zur Herausforderung werden, wenn wir wie gewohnt viel Druck ausüben. Damit die Rollen nicht zerbrechen, sollten Sie mit möglichst viel Gefühl und mit nur wenig Druck an die Sache herangehen.

3 Da sich Erythrit und Birkenzucker nicht so gut lösen, mahle ich beide vor der Verarbeitung immer im Mixer zu Puder. Auf Vorrat lässt er sich leider nicht optimal vorbereiten, da er schnell verklumpt. Man kann auch fertigen Erythrit-Puderzucker kaufen, jedoch ist die DIY-Version deutlich feiner und günstiger.

4 Mandelmehl, Proteinpulver und Co. weisen herstellerabhängige Unterschiede auf. Damit binden sie mal mehr und mal weniger Flüssigkeit. Mit einem kleinen Schluck Milch bekommen Sie trockene Teige formbarer. Sollte Ihr Teig zu weich werden, einfach etwas Mandelmehl hinzufügen.

5 Damit sich die Zutaten möglichst gut verbinden, sollten Sie Eier, Butter und Milchprodukte bei Zimmertemperatur verarbeiten. Nur bei Mürbeteig sollte die Butter kühlschrankkalt sein.

Backtipps

Wie Sie ahnen können, stellt das Low-Carb-Backen auch den geübten Hobbybäcker vor einige Herausforderungen. Grund dafür ist, wie auf Seite 14 beschrieben, das fehlende Gluten. Bevor Sie sich in die Backstube begeben, möchte ich Ihnen daher ein paar Tipps auf den Weg geben:

Rezepte

Bethmännchen

ZUTATEN

Für 34 Stück

125 g Erythrit

2 Eiweiß

Salz

2 EL Rosenwasser (aus der Apotheke)

200 g gemahlene, blanchierte Mandeln

50 g weißes Mandelmehl

1 Eigelb

100 g ganze, blanchierte Mandeln

pro Stück kcal 47
EW 2 g | KH 8 g | F 4 g

1. Erythrit zu Puderzucker mahlen. Eiweiße mit 1 Prise Salz steif schlagen, Erythrit-Puderzucker dabei einrieseln lassen. Rosenwasser einmischen. Mandeln und Mandelmehl mischen, unterheben. Haselnussgroße Kugeln formen und auf mit Backpapier belegte Backbleche setzen.
2. Den Ofen auf 165 °C Umluft vorheizen. Die Kugeln mit Eigelb bestreichen und seitlich je 3 ganze Mandeln andrücken. Dann etwa 10–12 Minuten backen.

1
2
3
4
100 ml

Kokosmakronen

ZUTATEN

Für 48 Stück

150 g Erythrit
4 Eiweiß
Salz
1 TL Zitronensaft
200 g Kokosraspel
1 Prise Zimtpulver

pro Stück kcal 28
EW 1 g | KH 4 g | F 3 g

1. Erythrit im Mixer zu Puderzucker malen. Eiweiße mit 1 Prise Salz und Zitronensaft steif aufschlagen, dabei Erythrit-Puderzucker einrieseln lassen. Kokosraspel mit Zimtpulver untermischen. Die Masse mit zwei Teelöffeln auf zwei mit Backpapier belegte Backbleche setzen und etwa 12 Minuten bei 180 °C Ober-/Unterhitze backen.

Tipp

Wer möchte, kann die Kokosmakronen zur Hälfte in geschmolzene Zartbitterschokolade tauchen oder damit in Schlieren überziehen.

Engelsaugen

ZUTATEN

Für 26 Stück

Für Himbeer-Konfitüre (1 Glas à 200 ml)

200 g TK-Himbeeren ohne Zuckerzusatz

Stevia-Flüssigsüße

1,5 g Guarkernmehl

Für die Engelsaugen

1 Ei

50 g Birkenzucker

50 g Erythrit

200 g selbst gemachte Erdnussbutter (siehe Seite 14)

100 g gemahlene Mandeln

1 TL Backpulver

4 EL selbst gemachte Himbeer-Konfitüre

pro Stück kcal 75
EW 3 g | KH 5 g | F 6 g

1. Für die Konfitüre die Beeren auftauen lassen und pürieren. Mit Stevia-Flüssigsüße abschmecken, bis die gewünschte Süße erreicht ist. Guarkernmehl aufsieben und mit einem Mixer oder Handrührgerät einarbeiten. Konfitüre in ein Einmachglas füllen und im Kühlschrank aufbewahren. Innerhalb von sieben Tagen aufbrauchen.

2. Für die Plätzchen den Ofen auf 170 °C Umluft vorheizen. Das Ei mit Birkenzucker und Erythrit cremig aufschlagen. Dann Erdnussbutter, gemahlene Mandeln und Backpulver untermischen. Den Teig mit feuchten Händen zu kleinen Kugeln formen. Auf ein mit Backpapier belegtes Blech legen und leicht flach drücken. Mit dem Ende eines Kochlöffels eine Mulde in die Mitte drücken. Die Himbeer-Konfitüre in einen Spritzbeutel füllen und die Mulden damit befüllen. Die Engelsaugen 8–10 Minuten backen und auf einem Kuchengitter abkühlen lassen.

MERRY
CHRISTMAS

Heidesand

ZUTATEN

Für 24 Stück

125 g Butter
20 g Birkenzucker
1 EL Erythrit
100 g gemahlene, blanchierte Mandeln
100 g Mandelmehl
10 g Proteinpulver
1 TL Vanilleessenz
Salz

pro Stück kcal 93
EW 2 g | KH 2 g | F 9 g

1. Butter in einem kleinen Topf schmelzen und bräunen. Im Kühlschrank ganz auskühlen und erneut leicht festwerden lassen.
2. Birkenzucker und Erythrit zu Puder mahlen, dann mit Butter aufschlagen. Mandeln, Mandelmehl, Proteinpulver, Vanilleessenz und 1 Prise Salz unterkneten. Teig zur Rolle formen und in Frischhaltefolie wickeln. 60 Minuten im Kühlschrank fest werden lassen.
3. Den Ofen auf 160 °C Umluft vorheizen. Die Rolle in etwa 1 cm dicke Scheiben schneiden. Diese auf mit Backpapier belegte Bleche legen und etwa 8 Minuten backen. Auf einem Kuchengitter abkühlen lassen.

Haselnussmakronen

ZUTATEN

Für 30 Stück

100 g Birkenzucker
50 g Erythrit
2 Eiweiß
1 Prise Salz
130 g gemahlene Haselnüsse
½ TL Zimt
30 Haselnüsse

pro Stück kcal 44
EW 1 g | KH 5 g | F 3 g

1. Birkenzucker und Erythrit im Mixer zu Puder mahlen. Eiweiße mit Salz steif schlagen, Süße dabei einrieseln lassen. Gemahlene Haselnüsse und Zimt unterheben und den Teig in einen Spritzbeutel ohne Tülle oder einen Gefrierbeutel mit abgeschnittener Spitze füllen.
2. Den Ofen auf 160 °C Umluft vorheizen und ein Backblech mit Backpapier belegen. 30 Kreise auf das Backpapier spritzen und jeweils 1 Haselnuss in die Mitte setzen. Haselnussmakronen etwa 13 Minuten backen.

Vanillekipferl

ZUTATEN

Für 25 Stück

100 g Butter, zimmerwarm
1 Vanilleschote
25 g gehackte Mandeln
35 g gemahlene Mandeln
50 g Birkenzucker
50 g Mandelmehl
20 g Kokosmehl
30 g Proteinpulver
1 Prise Salz
1 Eigelb

Außerdem

50 g Birkenzucker

pro Stück kcal 71
EW 1 g | KH 2 g | F 3 g

1. Butter in Stücke schneiden. Vanilleschote aufritzen, Mark ausschaben. Butter und Vanille mit den restlichen Zutaten verkneten. In Frischhaltefolie wickeln und 60 Minuten kühlen.
2. Den Ofen auf 160 °C Umluft vorheizen. Teigstücke zu Kipferln formen und auf ein mit Backpapier belegtes Backblech legen. Vanillekipferl etwa 10 Minuten backen.
3. Die Plätzchen kurz abkühlen lassen. In der Zwischenzeit Birkenzucker zu Puderzucker mixen. Vanillekipferl dick mit Puderzucker bestäuben.

HASELNUSSMAKRONEN
VANILLEKIPFERL

Butterplätzchen

ZUTATEN

Für 30 Stück

70 g Mandelmehl
30 g Sojamehl
30 g Proteinpulver
1 TL Guarkenmehl
100 g Birkenzucker
100 g Butter, in Stückchen
1 Ei
Salz

Außerdem

30 g Birkenzucker
1 TL Zimtpulver
Sojamehl für die Arbeitsfläche

pro Stück kcal 60
EW 2 g | KH 5 g | F 4 g

1. Alle Zutaten mit kühlen Händen zu einem geschmeidigen Teig verkneten. In Folie gewickelt 60 Minuten kühlen.
2. Den Ofen auf 160 °C Umluft vorheizen und den Teig auf einer leicht bemehlten Arbeitsfläche oder auf Backpapier ausrollen. Gewünschte Formen ausstechen und mit etwas Abstand auf ein mit Backpapier belegtes Blech legen und Plätzchen 10–15 Minuten backen.
3. Die Plätzchen aus dem Ofen nehmen, etwas abkühlen lassen, dann in einem Mix aus Birkenzucker und Zimt wenden.

Zimtsterne

ZUTATEN

Für 90 Stück

250 g Erythrit
3 Eiweiß
Salz
200 g gemahlene Mandeln
200 g gemahlene Haselnusskerne
3 TL Zimtpulver

Außerdem:

Spritzbeutel
Sojamehl für die Arbeitsfläche

pro Stück kcal 28
EW 1 g | KH 3 g | F 2,6 g

1. Erythrit zu Puderzucker mahlen. Eiweiße mit 1 Prise Salz steif schlagen, dabei Erythrit-Puderzucker einrieseln lassen. 4 Esslöffel der Masse abnehmen und in einen Spritzbeutel füllen, kühlen. Mandeln, Haselnusskerne und Zimtpulver mischen. Eiweiß in drei Portionen unterheben, bis eine formbare, nicht allzu klebrige Masse entsteht. Abdecken und 30 Minuten kühlen.
2. Den Teig zur Kugel formen und mit Sojamehl einpudern. Auf mit Sojamehl bestäubter Arbeitsfläche etwa 1 cm dick ausrollen und Sterne ausstechen. Diese auf mit Backpapier belegte Bleche legen.
3. Den Ofen auf 160 °C Ober-/Unterhitze vorheizen. Sterne mit beiseitegelegtem Baiser verzieren und auf der unteren Schiene 20 Minuten backen.

Tipp

Sollte das Baiser nicht reichen, einfach aus 1 Eiweiß, 1 Prise Salz und 80 g Erythrit-Puderzucker zusätzlichen Eischnee schlagen. Die Menge, die vom obigen Rezept entfernt wird, sollte nicht erhöht werden, da sonst die trockenen Zutaten und der Eischnee kein optimales Verhältnis mehr haben.

Haselnussstangen

ZUTATEN

Für 44 Stück

150 g gemahlene Haselnusskerne
100 g braunes Mandelmehl
50 g Proteinpulver Vanille
50 g Kokosmehl
100 g Birkenzucker
1 TL Guarkernmehl
1 Messerspitze Nelkenpulver
200 g Butter
1 Ei
40 g gehobelte Haselnusskerne
40 g gehackte Haselnusskerne
1 Eigelb
1 EL Milch

pro Stück kcal 99
EW 3 g | KH 3 g | F 9 g

1. Haselnusskerne, Mandelmehl, Proteinpulver, Kokosmehl, Birkenzucker, Guarkernmehl und Nelkenpulver mischen. Butter in Stückchen zusammen mit dem Ei unterkneten. Teig zur Kugel formen, in Folie wickeln und 2 Stunden kühlen.
2. In der Zwischenzeit gehobelte und gehackte Haselnusskerne getrennt voneinander ohne Fett in einer Pfanne rösten, bis sie duften.
3. Ein Viertel vom Teig aus dem Kühlschrank holen, Rest weiterhin kühlen. Kleine Portionen mit viel Gefühl und wenig Druck zu dünnen Würsten (etwa 1 cm Durchmesser, 7 cm Länge) auf der Arbeitsfläche rollen. Nach Wunsch Enden begradigen und die Stangen auf mit Backpapier belegte Bleche legen. So den kompletten Teig aufbrauchen.
4. Den Ofen auf 170 °C Umluft vorheizen. Eigelb mit Milch verquirlen und die Stangen damit bestreichen. Jeweils die Hälfte mit gehackten und gehobelten Haselnusskernen bestreuen. Die Haselnussstangen etwa 8 Minuten backen.

Linzer Plätzchen

ZUTATEN

Für 24 Stück

70 g Butter
100 g Birkenzucker
2 Eier
100 g Mandelmehl
60 g Kokosmehl
1 TL Backpulver
Salz
½ TL Johannisbrotkernmehl
½ TL gemahlene Tonkabohne
½ Glas Himbeerkonfitüre (siehe S. 26)

Außerdem

Sojamehl zum Ausrollen
Linzer Plätzchen-Ausstecher

pro Stück kcal 74
EW 2 g | KH 5 g | F 5 g

1. Butter schmelzen, leicht abkühlen lassen. Birkenzucker, Eier und Butter verquirlen. Trockene Zutaten vermischen und untermischen, bis ein homogener Teig entsteht. Zur Kugel formen und 30 Minuten kühlen.
2. Teig portionsweise auf ein wenig Mehl ausrollen und Plätzchen ausstechen. Bei der Hälfte der Plätzchen in der Mitte eine kleinere Form (z. B. Herz, Stern etc.) ausstechen.
3. Ofen auf 160 °C Umluft vorheizen und die Plätzchen 12–17 Minuten backen. Auf einem Kuchengitter auskühlen lassen. Die ganzen, ausgekühlten Plätzchen mit Marmelade bestreichen. Die übrigen Plätzchen mit Loch auflegen.

Nussecken

ZUTATEN

Für 24 Stück

Für den Boden

250 g Butter

150 g Mandelmehl

40 g Kokosmehl

75 g Birkenzucker

2 Eier

Für den Belag

100 g zimmerwarme Butter

50 g Birkenzucker

100 g gemahlene Haselnusskerne

100 g gehobelte Haselnusskerne

100 g gehobelte Mandeln

40 g Zartbitterschokolade (mind. 70 %)

pro Stück kcal 258
EW 5 g | KH 7,5 g | F 24 g

1. Butter in Stückchen, Mandelmehl, Kokosmehl, Birkenzucker und Eier zügig zu einem Teig verkneten. Zur Kugel formen und 30 Minuten kühlen.

2. Währenddessen den Belag vorbereiten. Dafür Butter mit Birkenzucker cremig schlagen. Gemahlene Haselnusskerne unterziehen. Vorsichtig gehobelte Haselnusskerne und Mandeln untermischen.

3. Den Ofen auf 175 °C Umluft vorheizen. Backform (20 x 30 cm) mit Backpapier auslegen. Erst den Teig für den Boden gleichmäßig darin ausrollen. Dann den Belag darauf verteilen und möglichst glatt verstreichen. Nussecken etwa 25 Minuten goldbraun backen.

4. Abkühlen lassen, dann in gleichmäßige Dreiecke schneiden. Schokolade hacken und über dem heißen Wasserbad schmelzen. Schokolade in Schlieren über die Nussecken ziehen und diese auf Backpapier trocknen lassen.

Schokoladen-Hörnchen

ZUTATEN

Für 20 Stück

1 TL Chia-Samen

25 g Kokosöl

40 g ungesüßtes Apfelmus

30 g Mandelmus

40 g Stevia-Streusüße

50 g Mandelmehl

30 g Leinsamenmehl

3 TL Kakaopulver

75 g gemahlene Mandeln

Salz

50 g Zartbitterschokolade (mind. 70 %)

pro Stück kcal 80
EW 3 g | KH 2 g | F 7 g

1. Chia-Samen mit 5 Teelöffel Wasser etwa 15 Minuten quellen lassen. Kokosöl schmelzen, dann mit Apfelmus, Mandelmus und Stevia-Streusüße verquirlen. Mehle, Kakaopulver, gemahlene Mandeln, 1 Prise Salz und gequollene Chia-Samen untermixen, bis ein homogener Teig entsteht.

2. Den Ofen auf 160 °C Umluft vorheizen. Mit einem Teelöffel walnussgroße Teigportionen abstechen und zu Kipferln formen. Auf ein mit Backpapier belegtes Backblech legen und etwa 10 Minuten backen.

3. Schokolade hacken und über dem heißen Wasserbad schmelzen. Hörnchen mit den Enden in die Schokolade tauchen. Auf einem Gitter abtropfen und trocknen lassen.

Lebkuchen

ZUTATEN

Für 22 Stück

Für das Low-Carb-Orangeat und -Zitronat

40 g Zitronenschale

40 g Orangenschale

Salz

40 g Birkenzucker

Für die Lebkuchen

300 g gemahlene Haselnusskerne

1 Päckchen Lebkuchengewürz

2 EL Kakao

50 g Birkenzucker

3 Eier

½ EL Fiber Sirup

50 g Zartbitterschokolade (mind. 70 %)

pro Stück kcal 130
EW 4 g | KH 7 g | F 10 g

1. Für das Orangeat und Zitronat die Schale von 2–3 Orangen und 2–3 Zitronen dünn abschneiden und in kleine Stückchen schneiden. In einem Topf mit viel Wasser und 1 Prise Salz etwa 60 Minuten abgedeckt köcheln lassen. Abtropfen und mit dem Birkenzucker karamellisieren. Auf Backpapier geben und trocknen lassen.

2. Für die Lebkuchen Haselnusskerne, Gewürz, Kakao, Birkenzucker und selbst gemachtes Orangeat sowie Zitronat mischen. Eier und Fiber Sirup unterkneten und den Teig 30 Minuten ruhen lassen.

3. Den Ofen auf 180 °C Ober-/Unterhitze vorheizen und ein Backblech mit Backpapier belegen. Aus dem Teig Lebkuchen formen und auf das Backpapier legen. Diese nun 10–15 Minuten backen. Auf einem Gitterrost abkühlen lassen.

4. Die Schokolade grob hacken und über dem heißen Wasserbad schmelzen. Lebkuchen mithilfe eines Pinsels dünn mit Schokolade bestreichen und trocknen lassen.

Lebkuchenwürfel

ZUTATEN

Für 30 Stück

50 g Birkenzucker
3 Eier
Salz
50 g Butter
40 g gemahlene Mandeln
25 g gemahlene Haselnusskerne
25 g Kokosmehl
½ TL Backpulver
1 EL Lebkuchengewürz
7 EL Milch
1 EL Erythrit-Puderzucker

pro Stück kcal 43
EW 1 g | KH 2 g | F 3 g

1. Birkenzucker zu Puderzucker mahlen. Eier trennen. Eiweiße mit 1 Prise Salz steif schlagen, Puderzucker dabei einrieseln lassen. Butter schmelzen, etwas abkühlen lassen.
2. Den Ofen auf 180 °C vorheizen. Eigelbe hellcremig aufschlagen, Butter untermischen. Mandeln, Haselnusskerne, Kokosmehl, Backpulver und Gewürz mischen und abwechselnd mit der Milch unter den Eiermix rühren. Eischnee in drei Portionen unterheben. Backform (20 x 20 cm) mit Backpapier auslegen, Teig einfüllen. Kuchen für etwa 15 Minuten backen. Aus dem Ofen holen und abkühlen lassen. In kleine Quadrate schneiden und mit Puderzucker bestäuben.

Tonka-Keksrolle mit Cocoa-Nibs

ZUTATEN

Für 24 Stück

60 g Birkenzucker
100 g weiche Butter
1 Ei
½ Tonkabohne
125 g blanchiertes Mandelmehl
40 g Cocoa-Nibs

pro Stück kcal 82
EW 2 g | KH 3 g | F 8 g

1. Birkenzucker im Mixer zu Puderzucker mahlen. Mit Butter cremig schlagen. Das Ei untermischen. Tonkabohne fein reiben und unterziehen. Mandelmehl portionsweise unterkneten. Teig zu einer Rolle (3 cm Durchmesser) formen, 60 Minuten kühlen. Cocoa-Nibs auf der Arbeitsfläche verteilen und die Teigrolle darin wenden. Cocoa-Nibs festdrücken.

2. Den Ofen auf 170 °C vorheizen. Teigrolle in etwa 1 cm dicke Scheiben schneiden und auf ein mit Backpapier belegtes Blech legen. 10–14 Minuten backen, auf einem Gitter abkühlen lassen.

Tipp

Lassen Sie Ihrer Kreativität freien Lauf und wenden Sie die Keksrolle beispielsweise in Kokosflocken.

Zimtschneckenplätzchen

ZUTATEN

Für 50 Stück

Für den Teig

60 g Birkenzucker
60 g Butter, zimmerwarm
30 g Doppelrahm-Frischkäse
2 EL Kokosöl, flüssig
2 Eigelb
130 g Mandelmehl
20 g Sojamehl

Für die Füllung

2 EL Kokosöl, flüssig
¼ TL Zimtpulver
2 TL Erythrit

pro Stück kcal 39
EW 1 g | KH 2 g | F 3 g

1. Birkenzucker zu Puder mahlen. Butter mit Birken-Puderzucker, Frischkäse, Kokosöl und Eigelben verrühren. Dann die Mehle untermixen. Teig 30 Minuten kühlen.

2. Den Teig auf einer bemehlten Arbeitsfläche auf 20 x 30 cm ausrollen. Die Teigplatte dünn mit Kokosöl bestreichen. Zimtpulver und Erythrit mischen und den Teig damit bestreuen. Längs zusammenrollen und 60 Minuten kühlen.

3. Den Ofen auf 160 °C Umluft vorheizen. Rolle mit einem scharfen Messer in etwa 1 cm dicke Scheiben schneiden. Mürbeteig-Zimtschnecken auf mit Backpapier belegte Bleche legen und 6–8 Minuten backen.

Marzipan-Pistazien-Quadrate

ZUTATEN

Für 50 Stück

Für den Teig

30 g Birkenzucker
30 g Erythrit
75 g Butter, zimmerwarm
1 Ei
50 g Sojamehl
70 g Mandelmehl

Für die Füllung

80 g Pistazien
200 g gemahlene Mandeln
50 g Birkenzucker
½ TL Rosenwasser

pro Stück kcal 61
EW 2 g | KH 3 g | F 5 g

1. Für den Teig Birkenzucker und Erythrit im Mixer zu Puder mahlen. Mit Butter, Ei und Mehlen verkneten. Zur Kugel formen, in Frischhaltefolie wickeln oder in einen wiederverschließbaren Gefrierbeutel legen und 60 Minuten kühlen.
2. In der Zwischenzeit die Marzipan-Füllung herstellen. Dafür Pistazien im Mixer fein mahlen. Mit den Mandeln mischen und mit Birkenzucker, Rosenwasser und 8 Esslöffeln kaltem Wasser verkneten, bis eine homogene Masse entsteht. Die Füllung abgedeckt 30 Minuten kühlen.
3. Mürbeteig halbieren und zwischen zwei Lagen Backpapier etwa 1 cm dick auf die gleiche Größe ausrollen. Die Marzipanfüllung ebenso ausrollen. Dann die Marzipanfüllung zwischen die beiden Mürbeteigplatten legen und mit dem Nudelholz kurz darüberrollen.
4. Den Ofen auf 160 °C Umluft vorheizen. Teig in 2,5 x 2,5 cm große Quadrate schneiden und auf mit Backpapier belegte Bleche legen. Etwa 7 Minuten backen.

FROHE WEIHNACHTEN

Pistazien-Matcha-Taler

ZUTATEN

Für 16 Stück

75 g Birkenzucker
100 g Butter, zimmerwarm
½ TL Matcha-Pulver
1 Ei
135 g Mandelmehl
35 g gehackte Pistazien
50 g weiße Low-Carb-Schokolade

pro Stück kcal 143
EW 4 g | KH 6 g | F 13 g

1. Birkenzucker im Mixer zu Puderzucker mahlen. Mit Butter cremig schlagen. Matcha-Pulver dazugeben, dann das Ei untermischen. Mandelmehl und 25 g gehackte Pistazien portionsweise unterkneten. Den Teig zu einer Rolle formen, in Frischhaltefolie wickeln und 60 Minuten kühlen.
2. Den Ofen auf 170 °C vorheizen. Teigrolle in etwa 1 cm dicke Scheiben schneiden und auf ein mit Backpapier belegtes Blech legen. 10–14 Minuten backen.
3. Weiße Schokolade hacken und bei geringer Wärmezufuhr über dem heißen Wasserbad schmelzen. Schokolade mit einem Pinsel auf die Hälfte der Taler streichen und mit den übrigen Pistazien verzieren. Auf einem Gitterrost trocknen lassen.

Traumstücke

ZUTATEN

Für 80 Stück

1 Vanilleschote
200 g Butter
120 g Mandelmehl
20 g Proteinpulver
30 g Kokosmehl
80 g Birkenzucker
Salz
80 g Erythrit-Puderzucker

pro Stück kcal 32
EW 1 g | KH 2 g | F 3 g

1. Vanilleschote längs aufschlitzen und das Mark ausschaben. Hälfte Vanillemark mit Butter, Mandelmehl, Proteinpulver, Kokosmehl, Birkenzucker und 1 Prise Salz verkneten. Teig abgedeckt 15 Minuten kühlen.
2. Den Ofen auf 170 °C Umluft vorheizen. Teig portionsweise zu einer fingerdicken Wurst ausrollen und in kleine Stücke schneiden. Auf ein mit Backpapier belegtes Blech legen und 10–12 Minuten backen. Noch warm im Erythrit-Puderzucker wälzen.

Tipp

Traumstücke sind super schnell zubereitet und schmecken das ganze Jahr über zum Kaffee serviert.

Pistazien-Makronen

ZUTATEN

Für 45 Stück

100 g Erythrit

3 Eiweiß

Salz

1 Spritzer Zitronensaft

60 g Pistazien

100 g gemahlene Mandeln

1 TL Johannisbrotkernmehl

2 TL fein abgeriebene Bio-Zitronenschale

35 g gehackte Pistazien

Außerdem:

Spritzbeutel

offene Sterntülle

pro Stück kcal 26
EW 1 g | KH 3 g | F 2 g

1. Erythrit zu Puderzucker mahlen. Eiweiße mit 1 Prise Salz und Zitronensaft sehr steif aufschlagen. Dabei Erythrit-Puderzucker einrieseln lassen. Pistazien mahlen, dann gemahlene Mandeln, Johannisbrotkernmehl, Zitronenschale und 25 g gehackte Pistazien unterheben.

2. Den Ofen auf 120 °C Ober-Unterhitze vorheizen. Masse in einen Spritzbeutel mit offener Sterntülle füllen und 2 cm große Tupfen auf ein mit Backpapier belegtes Blech spritzen. Pistazien-Makronen mit restlichen gehackten Pistazien bestreuen und 50 Minuten im Ofen trocknen lassen.

Tipp

Unbedingt luftdicht aufbewahren! Sonst verlieren die Pistazien-Makronen ihre schöne grüne Farbe.

Walnuss-Kugeln

ZUTATEN

Für 20 Stück

75 g Butter, zimmerwarm
30 g Birkenzucker
30 g Erythrit
1 Ei
50 g Sojamehl
60 g Mandelmehl
1 TL Backpulver
50 g Walnusskerne
20 ganze Walnusskern-Hälften

pro Stück kcal 85
EW 3 g | KH 4 g | F 8 g

1. Butter mit Birkenzucker und Erythrit schaumig schlagen. Das Ei unterrühren. Mehle und Backpulver portionsweise dazugeben. Walnusskerne fein hacken und unterkneten.
2. Den Ofen auf 160 °C Umluft vorheizen. Mit den Händen pralinengroße Kugeln formen, etwas flach drücken und auf das Backblech legen. Je eine Walnusshälfte obenauf setzen und die Plätzchen 10–12 Minuten backen.

Himbeerstreifen

ZUTATEN

Für 30 Stück

50 g Birkenzucker
60 g Mandelmehl
40 g gemahlene Haselnusskerne
30 g Sojamehl
40 g Proteinpulver
Salz
170 g Butter, zimmerwarm
1 Ei
5 EL Low-Carb-Himbeerkonfitüre (siehe S. 26)

pro Stück kcal 79
EW 3 g | KH 2 g | F 7 g

1. Birkenzucker im Mixer zu Puder mahlen. Zusammen mit Mandelmehl, Haselnusskernen, Sojamehl, Proteinpulver und 1 Prise Salz mischen. Butter in Stückchen und Ei unterkneten. Teig in Folie gewickelt 60 Minuten kühlen.

2. Den Teig halbieren und jeweils zu einem länglichen Rechteck (etwa 10 cm breit) ausrollen und den mittleren Teil mit der Himbeerkonfitüre bestreichen. Die Seiten vorsichtig einklappen, wobei das mittlere Drittel nicht vom Teig überdeckt werden sollte.

3. Den Ofen auf 170 °C vorheizen und die Streifen etwa 10 Minuten backen. Etwas abkühlen lassen, doch noch warm in Streifen schneiden. Auf Wunsch mit Puderzucker bestäuben.

Marmorsterne

ZUTATEN

Für 50 Stück

50 g Birkenzucker
70 g Mandelmehl
30 g Sojamehl
70 g Proteinpulver
170 g Butter, in Stückchen
Salz
1 Ei
1 TL Kakao
½ TL Zimt
1 TL Milch

pro Stück kcal 45
EW 2 g | KH 1 g | F 4 g

1. Birkenzucker im Mixer zu Puder mahlen. Mit Mandelmehl, Sojamehl, Proteinpulver, Butter, 1 Prise Salz und Ei zu einem geschmeidigen Teig verkneten. Den Teig halbieren, dann Kakao und Zimt in eine Hälfte unterkneten. Sollte der Teig zu fest werden, Milch zugeben. Beide Teige leicht miteinander verkneten, dann in Frischhaltefolie wickeln und 60 Minuten im Kühlschrank kühlen.

2. Den Ofen auf 160 °C Umluft vorheizen. Teig zwischen zwei Lagen Backpapier ausrollen und unterschiedlich große Sterne ausstechen. Diese mit etwas Abstand auf ein mit Backpapier belegtes Blech legen. Restlichen Teig erneut kurz verkneten, ausrollen und ausstechen. Plätzchen 8–10 Minuten backen.

Pinoli

ZUTATEN

Für 30 Stück

80 g Birkenzucker

100 g blanchierte, gemahlene Mandeln

2 Eiweiß

30 g Pinienkerne

pro Stück kcal 33
EW 1 g | KH 3 g | F 2 g

1. Birkenzucker mit Mandeln mischen und im Mixer zu feinem Mehl mahlen. 1 Eiweiß zugeben und 5 Minuten kräftig unterschlagen. Dabei so viel vom zweiten Eiweiß zugeben, bis ein dicker, zähflüssiger Teig entsteht.

2. Den Ofen auf 160 °C Umluft vorheizen. Teig in einen Spritzbeutel mit Lochtülle füllen und mit etwas Abstand zueinander Tupfen (3 cm Durchmesser) auf ein mit Backpapier belegtes Backblech spritzen. Die Pinoli mit je 6 Pinienkernen verzieren und etwa 20 Minuten backen.

Tipp

Bei diesem Rezept ist es sehr wichtig die Teigzutaten lange miteinander zu verarbeiten, erst so wird die passende Konsistenz erreicht. Statt einer Küchenmaschine eignet

Pistazien-Feigen-Happen

ZUTATEN

Für 65 Stück

Für den Teig

70 g Mandelmehl
30 g Sojamehl
70 g Proteinpulver
50 g Birkenzucker
170 g Butter in Stückchen
1 Ei
Salz
½ Päckchen Backpulver

Für die Füllung

200 g getrocknete Feigen
50 g gehackte Pistazien

pro Stück kcal 48
EW 1 g | KH 4 g | F 3 g

1. Alle Zutaten für den Teig mit kühlen Händen geschmeidig verkneten. In Frischhaltefolie gewickelt 60 Minuten kühlen.
2. Für die Füllung die Feigen würfeln und mit 50 ml Wasser 5 Minuten köcheln lassen. Pürieren und abkühlen lassen. Dann Pistazien unterheben.
3. Den Teig halbieren und zwischen zwei Lagen Backpapier zu einem schmalen, länglichen Rechteck ausrollen. Die Hälfte der Füllung längs (etwa 2 cm Durchmesser) auf dem Teig verteilen und diesen mithilfe des Backpapiers wieder aufrollen. Mit der zweiten Teighälfte ebenso verfahren. Rollen für 60 Minuten kühlen.
4. Den Ofen auf 170 °C Umluft vorheizen. Die Teigrollen in 1 cm breite Scheiben schneiden und diese auf einem mit Backpapier belegten Blech verteilen. Etwa 7 Minuten backen.

Cranberry-Kuchen

ZUTATEN

Für 16 Stücke, 1 Brioche-Form

3 Eier
120 g Birkenzucker
75 ml Sonnenblumenöl
100 g Joghurt
30 g Mandelmehl
25 g Proteinpulver Vanille
70 g gemahlene Haselnusskerne
½ Päckchen Backpulver
30 g Cranberrys (aufgetaut oder frisch)

pro Stück kcal 125
EW 4 g | KH 8 g | F 10 g

1. Briocheform fetten und mit etwas Mandelmehl ausstäuben. Ofen auf 160 °C Umluft vorheizen.
2. Eier trennen. Eiweiße mit der Hälfte des Birkenzuckers steif schlagen. Eigelbe mit dem restlichen Birkenzucker steif schlagen. Sonnenblumenöl und Joghurt untermischen. Mandelmehl, Proteinpulver, Haselnusskerne und Backpulver mischen. Unter Eigelbcreme mischen, danach die Cranberrys und zuletzt den Eischnee unterheben.
3. Teig in die Backform füllen und den Kuchen etwa 40 Minuten backen. Abkühlen lassen und vor dem Servieren mit Erythrit-Puderzucker bestäuben.

Tipp

Der Kuchen lässt sich natürlich auch in einer normalen Springform zubereiten.

Zimt-Donuts mit Schokoglasur

ZUTATEN

Für 20 Stück

Für 8 Portionen

100 g Birkenzucker

125 g Butter

3 Eier

70 g Mandelmehl

20 g Proteinpulver

1 TL Backpulver

Salz

100 g Zartbitterschokolade (mind. 70 %)

2 EL Cocoa-Nibs

Außerdem

Mixer

Donut-Backform

Butter zum Einfetten

Mandelmehl für die Form

Spritzbeutel

pro Stück kcal 126
EW 3 g | KH 8 g | F 10 g

1. Birkenzucker zu Puderzucker mahlen. Mit Butter cremig schlagen und die Eier einzeln unterrühren.
2. Den Ofen auf 180 °C Ober-/Unterhitze vorheizen. Ein Donut-Backblech fetten und mit Mandelmehl ausstäuben.
3. Mandelmehl, Proteinpulver, Backpulver und 1 Prise Salz mischen. Unter den Eiermix rühren. Den Teig in einen Spritzbeutel mit großer Lochtülle füllen und in die Mulden verteilen. Etwa 15 Minuten backen. Aus dem Ofen nehmen, aus der Form stülpen und abkühlen lassen. Form waschen, trocknen, erneut fetten sowie mit Mandelmehl ausstäuben und restliche Donuts ausbacken.
4. Die Schokolade hacken und über dem heißen Wasserbad schmelzen. Donuts in die Schokolade tauchen und mit Cocoa-Nibs bestreuen. Trocknen lassen.

Spekulatius-Cheesecake ohne Backen

ZUTATEN

Für 16 Stücke

Für den Boden

150 g übrige Plätzchen (z. B. Butterplätzchen oder Traumstücke)

50 g Butter

Für die Creme

6 Blatt Gelatine

400 g griechischer Joghurt

200 g Frischkäse

4 EL Birkenzucker

2 TL Spekulatiusgewürz

50 g Sahne

Außerdem

Mixer

Tortenring (ø 20 cm)

Spritzbeutel mit offener Sterntülle

pro Stück kcal 157
EW 4 g | KH 10g | F 12 g

1. Die Plätzchen im Mixer zerkleinern. Die Butter schmelzen und mit den Plätzchen verkneten. Die Mischung als Boden in einen Tortenring drücken.
2. Gelatine kalt in Wasser einweichen. Joghurt mit Frischkäse, Birkenzucker und Spekulatiusgewürz cremig verrühren. Gelatine in einem kleinen Topf auflösen. 2 Esslöffel der Joghurtmasse untermischen. Dann ein Viertel der Creme langsam unterrühren. Mix zur restlichen Creme geben, gründlich unterziehen, in den Tortenring füllen und mindestens 6 Stunden, besser über Nacht, im Kühlschrank erstarren lassen.
3. Vor dem Servieren Sahne steif schlagen und in einen Spritzbeutel mit offener Sterntülle füllen. Torte mit Tupfer verzieren und nach Belieben mit Spekulatiusgewürz bestäuben.

Hooray!

Pekannuss-Avocado-Brownies

ZUTATEN

Für 16 Stücke

Für die Brownies

100 g Zartbitterschokolade (mind. 70 %)

250 g Avocado (etwa 1½ Avocados)

2 EL Backkakao

1 EL Kokosöl

2 Eier

100 g Pekannüsse

50 g Kokosmehl

¼ TL Natron

1 TL Backpulver

40 g Birkenzucker

30 g Erythrit

Für das Topping

30 g Zartbitterschokolade (mind. 70 %)

Pekannüsse

pro Stück kcal 136
EW 3 g | KH 10 g | F 11 g

1. Schokolade hacken und über dem heißen Wasserbad schmelzen, handwarm abkühlen lassen. Avocadofruchtfleisch auslösen, 250 g abwiegen. Mit Backkakao, Kokosöl, Eiern und geschmolzener Schokolade pürieren.

2. Den Ofen auf 180 °C Ober-/Unterhitze vorheizen. Die Hälfte der Pekannüsse hacken, die andere im Mixer mahlen. Beides mit Kokosmehl, Natron, Backpulver, Birkenzucker und Erythrit vermischen. Unter die Avocadomasse rühren und in eine mit Backpapier ausgelegte Form (24 x 24 cm) füllen. Etwa 15 Minuten backen. Auf einem Gitter abkühlen lassen.

3. Für die Deko Schokolade hacken und über dem heißen Wasserbad schmelzen. In Schlieren über die Brownies verteilen. Pekannüsse grob hacken und den Kuchen damit garnieren.

Weihnachtlicher Käsekuchen

ZUTATEN

Für 16 Stücke

Für den Boden

50 g Butter, zimmerwarm

80 g gemahlene Mandeln

50 g braunes Mandelmehl

2 EL Birkenzucker

1 Ei

Salz

½ TL Zimtpulver

Für die Creme

3 Eier (Gr. L)

100 g Birkenzucker

50 g Erythrit

Salz

¼ TL Zimt

300 g Magerquark

Für die Gewürzkirschen

200 g ungesüßte Kirschen aus dem Glas mit Saft

½ TL Steviasüße

½ TL Zimt

1 Prise Piment

½ TL Johannisbrotkernmehl

pro Stück kcal 177
EW 8 g | KH 19 g | F 11 g

1. Für den Boden zunächst die Butter in Stückchen teilen und mit den restlichen Zutaten rasch zu einem Teig verkneten. Zur Kugel formen und in Frischhaltefolie gewickelt etwa 30 Minuten in den Kühlschrank legen.

2. Für die Käsekuchencreme Eier trennen. Birkenzucker und Erythrit zu Puder mahlen. Eiweiße mit 1 Prise Salz und Birkenzucker zu Schnee schlagen. Eigelbe mit Erythrit hellcremig aufschlagen und Zimt einmischen. Zuerst den Quark, dann den Eischnee unterheben.

3. Den Ofen auf 160 °C Umluft vorheizen. Den Teig aus dem Kühlschrank holen und auf Backpapier rund ausrollen. Mit einem Tortenring (20 cm Durchmesser) auf die passende Größe ausstechen, überschüssigen Rand entfernen. Käsekuchencreme einfüllen und 40 Minuten backen. Den Ofen ausschalten und den Käsekuchen weitere 30 Minuten mit geschlossener Tür im Backofen stehen lassen. Dann herausholen und auf einem Kuchengitter komplett auskühlen lassen. Der Kuchen wird nun stark einfallen.

4. Für die Gewürzkirschen Kirschen samt Saft in einen kleinen Topf geben. Mit Steviasüße nach Gusto süßen. Mit Zimt und Piment würzen. Die Kirschen aufkochen, 3 Esslöffel Kirschsaft abnehmen und in einem kleinen Schälchen mit Johannisbrotkernmehl glatt rühren, den Mix zurück zu den Kirschen geben, einrühren und kurz aufkochen. Warm oder abgekühlt zum Käsekuchen servieren.

Schoko-Cupcakes

ZUTATEN

Für 12 Stück

Für den Teig

3 Eier

50 g Birkenzucker

2 EL Magerquark

2 EL Kokosöl

150 g gemahlene Mandeln

2 EL Backkakao

1 TL Backpulver

25 g Zartbitter-Schokolade, gehackt (mind. 70 %)

Für das Topping

3 EL Birkenzucker

125 g Magerquark

3 EL Kakao

250 g Mascarpone

Außerdem

15 g Zartbitter-Schokolade (mind. 70 %), nach Belieben

12er Muffinform

Muffinförmchen

Spritzbeutel mit Sterntülle

pro Stück kcal 220
EW 11 g | KH 8 g | F 17 g

1. Den Ofen auf 180 °C Ober-/Unterhitze vorheizen. Für den Teig die Eier mit Birkenzucker verrühren. Magerquark und Kokosöl unterziehen. Mandeln, Kakao, Backpulver mischen und untermixen. Danach die Schokolade hacken und rasch unterziehen.
2. Den Teig in eine mit Papierförmchen ausgelegte Muffinform füllen und etwa 20 Minuten backen. Aus dem Ofen holen, kurz in der Form ruhen, dann auf einem Gitter vollständig abkühlen lassen.
3. Für das Topping den Birkenzucker zu Puderzucker mahlen. Mit Magerquark und Kakaopulver cremig rühren. Mascarpone mischen und rasch unterheben. In einen Spritzbeutel mit Sterntülle füllen und die Cupcakes damit garnieren. Nach Belieben Schokolade hacken, schmelzen und die Cupcakes damit verzieren.

Weihnachtsrauten

ZUTATEN

Für 40 Stück

350 g Zartbitterschokolade (mind. 70 %)
250 g Birkenzucker
250 g Butter, zimmerwarm
6 Eier
250 g gemahlene Mandeln
40 g Mandelmehl
1 EL Proteinpulver
1 EL Kakaopulver
2 EL gehobelte Mandeln

pro Stück kcal 165
EW 4 g | KH 11 g | F 13 g

1. 250 g Schokolade hacken und über dem heißen Wasserbad schmelzen. Handwarm abkühlen lassen. Birkenzucker im Mixer zu Puderzucker mahlen. Mit Butter cremig aufschlagen. Eier einzeln unterrühren. Den Ofen auf 180 °C Ober-/Unterhitze vorheizen.
2. Schokolade untermischen. Mandeln, Mandelmehl, Proteinpulver und Kakao mischen, unterrühren. Teig in eine rechteckige Backform (20 x 40 cm) streichen und etwa 20 Minuten backen, auf einem Gitter abkühlen lassen.
3. Restliche Schokolade hacken und über dem heißen Wasserbad schmelzen. Kuchen aus der Form lösen und mit der Schokolade bestreichen. Gehobelte Mandeln in einer Pfanne ohne Fett rösten. Dann auf der Schokolade verteilen. Schokolade fest werden lassen, Kuchen dann in Rauten schneiden.

Raw-Erdnuss-Schoko-Cheesecake

ZUTATEN

Für 16 Stücke

Für den Boden

100 g ungesalzene Erdnüsse
130 g braunes Mandelmehl
1 TL Backkakao
1 EL Erythrit
Salz
50–60 g Kokosöl

Für die Cheesecakemasse

300 g Cashewkerne
40 g Erythrit
30 g Birkenzucker
4 TL Erdnussbutter
4 TL Kokosöl, flüssig
150 ml Kokosmilch
1 TL Backkakao
30 g Zartbitter-Schokolade (mind. 70 %)

pro Stück kcal 240
EW 8 g | KH 13 g | F 20 g

1. Alle Cashewkerne für die Cheesecakemasse mindestens 60 Minuten, besser über Nacht, in einer ausreichenden Menge Wasser einweichen.

2. Für den Boden Erdnüsse, Mandelmehl, Kakao, Erythrit und 1 Prise Salz vermischen. Kokosöl unterkneten. Den Teig in eine Springform (12 cm Durchmesser) drücken.

3. Für die Cheesecakemasse Erythrit und Birkenzucker zu Puder mahlen. Zusammen mit den eingeweichten Cashewkernen, Erdnussbutter, Kokosöl und Kokosmilch zu einer glatten Creme vermixen. Halbieren und die erste Hälfte auf den Boden streichen, 60 Minuten frosten.

4. Die übrige Masse mit Kakao einfärben und auf die angefrostete Erdnussbutterschicht streichen. Den Cheesecake anschließend 4 Stunden frosten.

5. Vor dem Verzehr Schokolade hacken und über dem heißen Wasserbad schmelzen. In Schlieren über dem Kuchen verteilen und den Cheesecake weitere 15 Minuten antauen lassen.

Mandeltarte

ZUTATEN

Für 16 Stücke

Für den Mürbeteig

100 g Mandelmehl
100 g gemahlene Mandeln
60 g Kokosmehl
1 TL Guarkernmehl
20 g Leinsamenmehl
30 g Erythrit-Puderzucker
40 g Birkenzucker-Puderzucker
180 g Butter, zimmerwarm
1 Prise Salz
2 EL Joghurt

Für die Füllung

50 g Birkenzucker
25 g Erythrit
2 Eier
100 g Butter, zimmerwarm
2 EL Mandelmehl
50 g gemahlene Mandeln
40 g Mandelblättchen

pro Stück kcal 280
EW 3 g | KH 1 g | F 19 g

1. Alle Zutaten für den Mürbeteig mit dem Handrührgerät grob verkneten. Mit den Händen zu einer homogenen Teigkugel verkneten und formen. In Folie wickeln und 30 Minuten im Kühlschrank ruhen lassen.

2. Für die Füllung Birkenzucker und Erythrit zu Puderzucker mahlen. Mit der zimmerwarmen Butter cremig schlagen. Eier einzeln unterrühren. Mandelmehl und gemahlene Mandeln untermischen.

3. Den Ofen auf 160 °C Umluft vorheizen. Den Boden der Tarteform mit Backpapier auslegen. Kleine Teigstücke ablösen und in die Form drücken, dabei einen Rand hochziehen. Den Tarteboden 5 Minuten vorbacken.

4. In der Zwischenzeit gehobelte Mandeln ohne Fett in einer Pfanne rösten. Den Tarteboden aus dem Ofen holen, Mandelcreme einfüllen und glatt streichen. Mandelblättchen auf der Creme verteilen. Tarte weitere 20 Minuten backen.

Joghurt-Nuss-Torte

ZUTATEN

Für 16 Stücke, Springform ø 18 cm

Für den Teig

2 Eier
40 g Birkenzucker
40 g Erythrit
50 ml Sonnenblumenöl
50 g Magerquark
20 g Mandelmehl
15 g Proteinpulver, Vanille
45 g gemahlene Haselnusskerne
½ Päckchen Backpulver

Für Füllung und Topping

200 g Sahne
250 g Mascarpone
4 EL Espresso, kalt
2 EL Erythrit
1 TL Backkakao
1 TL Guarkernmehl
100 g Zartbitterschokolade (mind. 70 %)
1 TL Kokosöl
1 EL Haselnussblättchen

pro Stück kcal 208
EW 6 g | KH 7 g | F 18 g

1. Den Ofen auf 180 °C Ober-/Unterhitze vorheizen. Eier trennen. Birkenzucker und Erythrit unabhängig voneinander mahlen. Eiweiße mit Birkenzucker steif schlagen. Eigelbe mit Erythrit hellcremig aufschlagen. Sonnenblumenöl und Quark unterrühren. Mehle, Haselnusskerne und Backpulver mischen und abwechselnd mit dem Eischnee unterheben. Teig in eine mit Backpapier ausgelegte Springform (18 cm Durchmesser) füllen und etwa 30 Minuten backen. Den Kuchen ggf. mit Alufolie abdecken, sollte er zu dunkel werden. Auf einem Kuchengitter auskühlen lassen, dann waagerecht halbieren.

2. Sahne steif schlagen. Mascarpone mit Espresso cremig rühren. Erythrit zu Puder mahlen. Kakao, Erythrit-Puderzucker und Guarkernmehl mischen, unter die Creme ziehen. Sahne unterheben. Einen Tortenring um den unteren Boden spannen. Füllung, bis auf 2 Esslöffel, einfüllen und glatt streichen. Oberen Boden auflegen und leicht andrücken. Restliche Creme aufstreichen. Die Torte 30 Minuten frosten.

3. Schokolade grob hacken und über dem heißen Wasserbad schmelzen, Kokosöl einrühren. Torte aus dem Gefrierschrank holen und mit der Schokolade übergießen. Etwas davon an den Seiten hinunterlaufen lassen. Das Ganze mit Haselnussblättchen verzieren.

Chai-Tassenkuchen

ZUTATEN

Für 1 Portion

Für das Chai-Gewürz

20 g Fenchelsamen

15 g gemahlener, getrockneter Ingwer

3 Sternanis

1 Cylon-Zimtstange

3 g schwarze Pfefferkörner

6 Kardamom-Kapseln

1 Nelke

8 g gemahlene Muskatnuss

Für den Tassenkuchen

1 TL Butter

1 Ei

4 EL Milch

2 EL Birkenzucker

1 EL Kokosmehl

1 EL Nüsse

1 TL Proteinpulver

½ TL Backpulver

Salz

1 TL Chai-Gewürz

1 TL Chocolate Chips

Außerdem

1 TL geschlagene Sahne

pro Portion kcal 356
EW 12 g | KH 10 g | F 29 g

1. Für das Chai-Gewürz alle Gewürze in eine Pfanne geben und ohne Fett rösten. Im Anschluss alles in einen Mixer umfüllen und zu Pulver pürieren.

2. Für den Tassenkuchen Butter in einer mikrowellenfesten Tasse schmelzen. Restliche Zutaten hinzufügen und untermischen. Den Kuchen 2 Minuten bei 560 Watt in der Mikrowelle backen. Warm und nach Wunsch mit geschlagener Sahne servieren.

Tipp

Das Chai-Gewürz ist auch ein tolles Geschenk und schmeckt in Joghurt eingerührt zum Frühstück fabelhaft. Außerdem verfeinert es auch viele andere weihnachtliche Kuchen.

C'est la vie!

Kräcker

ZUTATEN

Für 15 Stück

1 EL Chia-Samen
50 g gehackte Mandeln
50 g geschrotete Leinsamen
75 g Sonnenblumenkerne
75 g Kürbiskerne
30 g Sesam
½ TL Salz
2 Eigelb
1 EL Fiber Sirup

pro Stück kcal 113
EW 6 g | KH 2 g | F 8 g

1. Ofen auf 145 °C Ober-/Unterhitze vorheizen. Chia-Samen mit 6 Esslöffel Wasser vermischen und 10 Minuten ziehen lassen. Mandeln, Leinsamen, Sonnenblumenkerne, Kürbiskerne, Sesam und Salz mischen. Chia-Samen-Gel, Eigelbe und Fiber Sirup untermischen.
2. Kreise aus je 1 Esslöffel Masse auf mit Backpapier belegte Backbleche formen und 20–22 Minuten backen. Luftdicht in einer Dose aufbewahren.

Tipp

Alternativ kann die Masse auch in eine Backform gedrückt werden. Die Teigplatte direkt nach dem Backen in Stücke schneiden.

Himbeer-Pralinen

ZUTATEN

Für 16 Stück

2 EL Kokosöl

200 g Mandeln, gemahlen mit Schale

1 TL Backkakao

4 TL Stevia-Streusüße

½ TL Zimtpulver

4 EL Mandelmus

Gefriergetrocknete Himbeeren (Pulver)

pro Stück kcal 125
EW 4 g | KH 2 g | F 11 g

1. Zunächst das Kokosöl schmelzen. Mit Mandeln, Backkakao, Stevia-Streusüße, Zimtpulver und Mandelmus verkneten.
2. Die Masse zu walnussgroßen Kugeln formen. Im Kühlschrank aufbewahren. Vor dem Servieren in gefriergetrockneten Himbeerpulver wälzen.

Tipp

Statt in gefriergetrockneten Himbeeren gewendet zu werden, können die Pralinen auch in Schlieren mit Schokolade überzogen werden.

Erdnussbutter-Sterne

ZUTATEN

Für 12 Stück

10 g Erythrit

30 g Erdnussbutter

30 g Butter

20 g Low-Carb-Kekse (z. B. Heidesand)

10 g Proteinpulver

40 g Zartbitterschokolade (mind. 70 %)

pro Stück kcal 70
EW 3 g | KH 2 g | F 5 g

1. Erythrit zu Puderzucker mahlen. Erdnussbutter und Butter in einem kleinen Topf schmelzen. Kekse zerbröseln, mit Proteinpulver sowie Erythrit-Puderzucker mischen und unter die Erdnusscreme rühren. Masse in eine Sternen-Silikonform drücken und 60 Minuten frosten.

2. Die Schokolade hacken und über dem heißen Wasserbad schmelzen. Dann die Sterne etwas in die Schokolade tunken, auf einem Kuchengitter abtropfen lassen und die Schokolade festwerden lassen.

X-Mas-Müsli

ZUTATEN

Für 2 Gläser (12 Portionen)

50 g Walnusskerne
50 g Mandeln
50 g Cashewkerne
100 g Mandelstifte
100 g gehobelte Haselnusskerne
30 g Sonnenblumenkerne
30 g geschrotete Leinsamen
30 g Chia-Samen
2 TL Spekulatiusgewürz
3 Eiweiß
Salz
2 EL Birkenzucker

pro Portion kcal 244
EW 9 g | KH 7 g | F 20 g

1. Walnusskerne, Mandeln und Cashewkerne grob hacken. Mit restlichen trockenen Zutaten mischen. Eiweiße mit 1 Prise Salz und Birkenzucker aufschlagen und unterheben.
2. Den Ofen auf 160 °C Umluft vorheizen. Die Masse auf ein Backblech streichen und etwa 15 Minuten backen. Die Teigplatte zerstoßen und weitere 15 Minuten backen. Abkühlen lassen und luftdicht verschlossen lagern.

Tipp

Das Müsli schmeckt köstlich mit Milch, oder auch mit Joghurt serviert. Verfeinern Sie Ihr Frühstück gerne mit frischem Obst und starten Sie so hervorragend in den Tag.

Cranberry-Zimt-Konfitüre

ZUTATEN

Für 3 Gläser à 200 ml

500 g Cranberrys (aufgetaut oder frisch)

1 TL Zimtpulver

Mark von ½ Vanilleschote

100 g Birkenzucker

150 g Erythrit

7 g Agar-Agar

Außerdem

Pürierstab

3 Einmachgläser à 200 ml

pro Glas kcal 244
EW 16 g | KH 41 g | F 2 g

1. Cranberrys mit 1–2 Esslöffeln Wasser, Zimtpulver und Vanille weich köcheln. Leicht anpürieren, Birkenzucker und Erythrit untermischen und auflösen.

2. Agar-Agar in 1 Esslöffel Wasser auflösen. Einrühren und die Konfitüre für 3 Minuten köcheln lassen. Randvoll in saubere Einmachgläser füllen. Fest verschließen, etwa 5 Minuten auf den Deckel stellen, dann wieder umdrehen. Vollständig auskühlen lassen.

Kidneybohnen-Pralinen

ZUTATEN

Für 13 Stück

150 g Kidneybohnen

2 TL Kokosöl, flüssig

5 TL Fiber-Sirup

5 TL Kakaopulver

1 TL Ceylon-Zimtpulver

75 g Zartbitter-Schokolade (mind. 70 %)

essbares Blattgold, nach Belieben

pro Stück kcal 70
EW 2 g | KH 5 g | F 4 g

1. Zunächst die Kidneybohnen abwaschen und 45 Minuten in einem Sieb trocknen lassen. Kokosöl mit den Bohnen, Fiber-Sirup, Kakao- und Zimtpulver in einen Mixer füllen und fein pürieren. In eine Schale füllen, abdecken und 60 Minuten abkühlen lassen. Den Mix mit feuchten Händen zu Kugeln formen und die Pralinen 90 Minuten frosten.

2. Die Schokolade grob hacken und über dem heißen Wasserbad schmelzen. In ein kleines, tiefes Schälchen umfüllen. Pralinen kurz eintauchen, etwas abtropfen lassen, auf ein Kuchengitter legen und nach Wunsch direkt mit essbarem Blattgold verzieren. Schokolade fest werden lassen. Die Pralinen bis zum Verzehr im Kühlschrank aufbewahren.

Bon
Appetit

Mandelcookies Backmischung

ZUTATEN

Für 1 Backmischung à 16 Kekse

25 g Kokosmehl
10 g Proteinpulver
75 g braunes Mandelmehl
½ TL Backpulver
1 TL Guarkenmehl
Salz
40 g Erythrit
15 g Zartbitter-Chocolate-Chips (mind. 70 %)
10 g Mandelblättchen

pro Stück kcal 46
EW 3 g | KH 1 g | F 4 g

1. Kokosmehl und Proteinpulver in ein Glas (290 ml Inhalt) füllen und festdrücken. Mandelmehl mit Backpulver, Guarkernmehl und 1 Prise Salz mischen. Mandelmehl-Mix, Erythrit, Chocolate-Chips und Mandelblättchen nacheinander in ein Glas füllen. Fest verschließen.

2. Folgende Anleitung auf eine Karte schreiben:
„50 g zimmerwarme Butter cremig aufschlagen, 1 Ei untermischen. Backmischung unterkneten. Ofen auf 160 °C Umluft vorheizen. Walnussgroße Stücke vom Teig ablösen. Zwischen den Händen flach drücken, auf ein mit Backpapier belegtes Backblech legen und etwa 10 Minuten backen."

Cookie Dough zum Löffeln

ZUTATEN

Für 4 Gläser (à 80 ml)

50 g Butter, zimmerwarm

100 g Doppelrahm-Frischkäse

25 g Birkenzucker

50 g Erdnussbutter

½ TL Vanilleextrakt

½ TL Guarkenmehl

15 g Mandelmehl

25 g Zartbitter-Schokodrops (mind. 70 %)

pro Glas kcal 321
EW 7 g | KH 12 g | F 29 g

1. Die Butter cremig aufschlagen. Alle restlichen Zutaten zügig mit dem Teigschaber unterrühren. Den Mix in 4 Gläser (à 80 ml) füllen und in den Kühlschrank stellen. Zusammen mit einem Löffel verschenken und endlich Kuchenteig ohne Reue genießen!

Nussbällchen

ZUTATEN

Für 16 Stück

200 g Magerquark
100 g Frischkäse
50 g gemahlene Haselnüsse
1 TL Stevia-Flüssigsüße
1 TL Guarkernmehl
100 g gehackte Haselnüsse

pro Stück kcal 92
EW 4 g | KH 1 g | F 8 g

1. Quark, Frischkäse, Haselnüsse und Stevia kurz mit einem Teigschaber vermischen. Guarkenmehl unterziehen. Mit einem Teelöffel kleine Portionen abstechen und mit feuchten Händen zu Kugeln formen.
2. In einen mit Haselnusskernen ausgelegten, tiefen Teller legen und portionsweise darin wälzen. Bis zum Genießen oder Verschenken im Kühlschrank aufbewahren.

Kirschauflauf

ZUTATEN

Für 4 Portionen, ofenfeste Form (15 x 23 cm)

25 g Mandelmehl
75 g Birkenzucker
5 g Proteinpulver
1 TL Guarkernmehl
2 Eier
500 g Joghurt
100 g ungesüßte Kirschen aus dem Glas (Abtropfgewicht)

pro Portion kcal 208
EW 12 g | KH 30 g | F 4 g

1. Mandelmehl, Birkenzucker, Proteinpulver und Guarkernmehl mischen. Eier und Joghurt unterschlagen.
2. Den Ofen auf 160 °C Umluft vorheizen. Den Teig zur Hälfte in eine ofenfeste Form (15 x 23 cm) füllen. Die Kirschen, bis auf wenige für die Dekoration, darauf verteilen. Den restlichen Teig aufstreichen und mit übrigen Kirschen verzieren. Den Auflauf für etwa 30 Minuten backen, dann 10 Minuten im ausgeschalteten Ofen abkühlen lassen. Vor dem Servieren nach Belieben mit etwas Erythrit-Puderzucker bestäuben.

Joghurt-Labneh mit heißen Himbeeren

ZUTATEN

Für 4 Portionen

800 g Joghurt
Salz
4 EL Erythrit-Puderzucker
abgeriebene Schale von 1 Bio-Limette
200 g TK-Himbeeren
15 g Birkenzucker
2 EL Mandelblättchen

Außerdem

Feines Sieb
4 Dessertteller

pro Portion kcal 156
EW 9 g | KH 15 g | F 6 g

1. Ein feines Sieb mit einer Mullwindel oder 1–2 Lagen Küchenpapier auslegen. Joghurt mit 1 Prise Salz verrühren und in das Tuch füllen. Mit Folie abdecken, mit einem Teller beschweren und 24 Stunden im Kühlschrank abtropfen lassen.
2. Dann in eine Schale umfüllen, Erythrit-Puderzucker und Limettenschale einrühren.
3. Die Himbeeren auftauen lassen. Drei Viertel der Himbeeren mit etwas Wasser weich kochen und leicht zerdrücken. Den Birkenzucker einmischen. Restliche Himbeeren hinzugeben und erwärmen. Labneh auf vier Dessertteller verteilen und mit heißen Himbeeren servieren. Mit Mandelblättchen bestreuen.

Pannacotta mit Cranberrys

ZUTATEN

Für 6 Portionen

Für die Pannacotta

3,5 Blätter weiße Gelatine

1 Vanilleschote

300 ml Milch

200 ml Sahne

30 g Erythrit

30 g Birkenzucker

1 EL Zitronensaft

Für die Cranberry-Soße

150 g Cranberrys (aufgetaut oder frisch)

30 g Erythrit

½ TL Johannisbrotkernmehl zum Andicken

Außerdem

6 kleine Zweige Rosmarin als Garnitur

pro Portion kcal 158
EW 4 g | KH 10 g | F 12 g

1. Gelatine in ausreichend kaltem Wasser einweichen. Vanilleschote aufritzen, Mark ausschaben. Milch, Sahne, Erythrit und Birkenzucker aufkochen. Zitronensaft und ausgedrückte Gelatine untermischen und in der Sahne auflösen.

2. Pannacotta in 6 Dessertgläser füllen und mind. 6 Stunden, besser über Nacht, im Kühlschrank kühlen.

3. Cranberrys mit Erythrit und 2 Esslöffeln Wasser in einen Topf geben und weich kochen. Zerdrücken oder – wer es cremiger mag – pürieren. Die Pannacotta mit Cranberrykompott und je 1 kleinen Rosmarinzweig garnieren.

Lebkuchen-Latte-Milkshake

ZUTATEN

Für 4 Portionen

150 ml Espresso
500 ml Milch
1 TL Lebkuchengewürz
1 Messlöffel Proteinpulver, Vanille
1 EL Birkenzucker
100 ml Schlagsahne
etwas Zartbitterschokolade (mind. 70 %)

pro Portion kcal 213
EW 29 g | KH 12 g | F 1 g

1. Den Espresso in eine Eiswürfelform füllen und mindestens 6 Stunden frosten.
2. Kaffee-Eiswürfel mit Milch, 1 Teelöffel Gewürz, Proteinpulver und Birkenzucker auf höchster Stufe im Mixer cremig pürieren. Die Sahne mit dem restlichen Gewürz aufschlagen.
3. Für die Schokoladenlocken Schokoladentafel umdrehen und mit einem scharfen Messer und etwas Druck Schokoladenlocken abziehen.
4. Milkshake auf zwei Gläser verteilen. Sahne in einen Spritzbeutel füllen und aufspritzen. Mit Raspeln von Zartbitterschokolade garnieren.

Chia-Kaffee-Smoothie

ZUTATEN

Für 2 Portionen

3 TL Chia-Samen
30 g Mandeln
1 TL Proteinpulver
3 TL Backkakao
100 ml Milch
30 ml Espresso
½ Banane
1 TL Cocoa Nibs

pro Portion kcal 277
EW 18 g | KH 13 g | F 18 g

1. Chia-Samen mit der Milch vermischen und 10 Minuten quellen lassen.
2. Chia-Samen mit restlichen Zutaten in den Mixer geben und alles auf höchster Stufe pürieren. Smoothie umfüllen und 5 Minuten ziehen lassen.

LEBKUCHEN-LATTE-MILKSHAKE

CHIA-KAFFEE-SMOOTHIE

Orangen-Tiramisu

ZUTATEN

Für 8 Portionen, ofenfeste Form (20 x 30 cm)

Für den Teig

4 Eier
Salz
50 g Birkenzucker
100 g gemahlene Mandeln
½ TL Backpulver

Für die Creme

3 Eier
4 EL Birkenzucker
250 g Mascarpone

Außerdem

2 Orangen
30 ml Espresso
2 TL Backkakao zum Bestäuben

pro Portion kcal 289
EW 13 g | KH 15 g | F 22 g

1. Ofen auf 180 °C Ober-/Unterhitze vorheizen. Eier trennen. Eiweiße mit 1 Prise Salz und der Hälfte des Birkenzuckers aufschlagen. Eigelb mit restlichem Birkenzucker aufschlagen. Mandeln und Backpulver unterrühren. Eischnee unterheben. Eine ofenfeste Auflaufform (20 x 30 cm) mit Backpapier auslegen. Teig einfüllen und etwa 20 Minuten backen. Auf einem Gitter abkühlen lassen.

2. Für die Creme Eier trennen. Eiweiße mit 2 Esslöffeln Birkenzucker zu Schnee schlagen. Eigelbe mit restlichem Birkenzucker sehr hellcremig aufschlagen. Mascarpone unterrühren. Eischnee unterheben.

3. Orangen schälen und in dünne Scheiben schneiden. Biskuit stürzen, ggf. begradigen, dann längs halbieren. Backform säubern. Unteren Biskuit wieder in die Form legen. Espresso mit einem Pinsel aufstreichen. Die Hälfte der Orangenscheiben auflegen und mit der Hälfte der Creme bestreichen.

4. Zweiten Biskuit auflegen und ebenso mit Espresso bestreichen, mit übrigen Orangenscheiben belegen und restliche Creme aufstreichen. Mit Frischhaltefolie abdecken und 4 Stunden kühlen. Vor dem Servieren mit Backkakao bestäuben.

Schokomousse mit Fleur de Sel

ZUTATEN

Für 6 Portionen

150 g Zartbitterschokolade (mind. 70 %)

3 Eier

Salz

2 TL Birkenzucker

200 g Sahne

Fleur de Sel

pro Portion kcal 266
EW 6 g | KH 16 g | F 21 g

1. Schokolade hacken und über dem heißen Wasserbad schmelzen, abkühlen lassen. Eier trennen. Eiweiße mit 1 Prise Salz und Birkenzucker zu Schnee schlagen, kühlen. Die Eigelbe hellcremig aufschlagen und die Sahne steif schlagen.

2. Handwarme Schokolade mit dem Eigelb vermischen, erst Sahne dann Eischnee unterheben. Mousse in sechs Gläser verteilen. Mind. 4 Stunden, lieber über Nacht, kühlen. Vor dem Servieren mit etwas Fleur de Sel bestreuen.

Ricotta mit weihnachtlicher Roter Grütze

ZUTATEN

Für 4 Portionen

Für die Ricottacreme

3 EL Erythrit

200 g Magerquark

400 g Ricotta

Für die weihnachtliche Rote Grütze

100 g Cranberrys (aufgetaut oder frisch)

300 g TK-Beerenmix

1 ½ TL Stevia-Flüssigsüße

½ Vanilleschote

2 Sternanis

½ TL Cylon-Zimtpulver

1 TL Johannisbrotkernmehl

pro Portion kcal 193
EW 19 g | KH 7 g | F 8 g

1. Für die Ricottacreme Erythrit zu Puderzucker mahlen. Mit Magerquark und Ricotta vermischen.
2. Für die weihnachtliche rote Grütze Cranberrys und Beerenmix in einen kleinen Topf geben. Mit Stevia nach Gusto süßen. Die Vanilleschote aufritzen und das Mark ausschaben. Schote, Vanillemark, Sternanis und Zimt zu den Beeren geben und aufkochen. Johannisbrotkernmehl mit 3 Esslöffeln Wasser glatt rühren. Unter den Beerenmix rühren und andicken lassen. 5 Minuten ziehen lassen, dann Vanilleschote und Sternanis entfernen. Abkühlen lassen.
3. Ricottacreme und Rote Grütze abwechselnd in 4 Dessertgläser schichten.

Kürbis-Eis

ZUTATEN

Für 8 Portionen

Für die Pumpkin-Spice

4 EL Cylon-Zimtpulver

2 TL Ingwerpulver

2 TL Muskatpulver

1 TL gemahlenes Piment

1 TL gemahlene Nelken

Für das Eis

400 g Hokkaido-Würfel

250 g Mascarpone

100 g Birkenzucker

3 TL Pumpkin-Spice

1½ gestr. TL Johannisbrotkernmehl

Salz

300 ml Schlagsahne

Außerdem

Stabmixer

Eismaschine

pro Portion kcal 226
EW 5 g | KH 4 g | F 21 g

1. Für die Pumkin-Spice alle Gewürze abmessen und miteinander vermischen. Kühl und trocken lagern.
2. Für das Eis Hokkaido-Würfel in 1 Esslöffel Wasser in einen kleinen Topf geben und weich dünsten. Dann mit einem Stabmixer pürieren und abkühlen lassen.
3. Mascarpone mit Kürbispüree cremig rühren. Birkenzucker zu Puder mahlen, untermischen. Pumpkin-Spice, Johannisbrotkernmehl und 1 Prise Salz unterziehen. Sahne steif schlagen, unterheben. Den Mix in eine Eismaschine füllen und etwa 45 Minuten frosten lassen.
4. Die Masse dann in eine gefriergeeignete Form umfüllen und etwa 2 Stunden frosten. Damit sich keine zu großen Eiskristalle bilden und das Eis wunderbar cremig ist, sollte es dann direkt genossen werden.

Pflaumen-Frozen-Joghurt

ZUTATEN

Für 8 Portionen

500 g Joghurt
350 g Pflaumen
50 g Birkenzucker
1 TL Zimt
2 Eiweiß
Salz

pro Portion kcal 65
EW 3 g | KH 10 g | F 1 g

1. Die Eismaschine 24 Stunden vor der Nutzung in den Tiefkühlschrank stellen. Ein feines Sieb mit Küchenpapier oder einer Mullwindel auslegen. Auf einen Topf stellen, den Joghurt einfüllen und 8 Stunden abtropfen lassen.

2. Pflaumen waschen, 100 g fein würfeln, Rest im Mixer pürieren. Joghurt, Pflaumenpüree und -stückchen vermischen. Eiweiße mit Birkenzucker zu Schnee schlagen, mit Zimt unterheben. Mix in Eismaschine füllen und etwa 45 Minuten gefrieren lassen. In eine kleine Auflaufform mit Deckel o. Ä. füllen und vor dem Servieren idealerweise 1–2 Stunden nachfrosten lassen.

Über die Autorin

Maria Panzer findet man meistens mit einem Stückchen Kuchen in der einen und ihrer Kamera in der anderen Hand. Als studierte Ökotrophologin hat sie ihre Berufung zum Beruf gemacht und arbeitet als freie Foodfotografin und Autorin.

Dank

Danken möchte ich meinem Verlobten Dominik, der mehr an mich glaubt als ich selbst und, dem ich viele Nachmittage mit Leckereien versüßen durfte. Meiner Familie, die immer hinter mir steht. Meinen wunderbaren Freunden für die schönen Abende mit Plätzchen- und Kuchenverkostungen und die großartige Unterstützung. Ein großes Dankeschön geht außerdem an Anna und Tatjana, meinen beiden Ansprechpartnerinnen im Verlag, die immer ein offenes Ohr für mich hatten.